清・吴敬梓著

儒林外史

三册

黄山書社

儒林外史第八回

王觀察窮途逢世好　婁公子故里遇貧交

話說王員外纔到京開假早見長班領報錄人進來叩喜王員外問是何喜事報錄人叩過頭呈上報單上寫道江撫王一本爲要地須才事南昌知府員缺此乃沿江重地須才能幹濟之員特本請旨於部屬內揀選一員奉旨南昌府知府員缺著工部員外王惠補授欽此王員外賞了報喜人酒飯謝恩過整理行裝去江西到任非止一日到了江西省城南昌府前任蘧太守浙江嘉興府人由進士出身年老告病已經出了衙門印務是通判署著王太守到任陞了公座各屬都稟見過了便是蘧太守來拜王惠也回拜過了爲這交盤的事彼此參差著王太守不肯就接一日蘧太守差人來稟說太爺年老多病耳朶聽話又不甚明白交盤的事本該自己來領王太爺的教因是如此明日打發少爺過來當面想懇一切事都要仗托王太爺擔

代王惠應諾了衙裏整治酒飯候蘧公子直到早飯過後一乘小轎一副紅全帖上寫眷晚生蘧景玉拜王太守開了宅門叫請少爺進來王太守看那蘧公子翩然俊雅舉動不群彼此施了禮讓位坐下王太守道前晤尊公大人幸瞻丰采今日却聞得略有些貴恙蘧公子道家君年老常患肺病不耐勞煩兼之兩耳重聽多承老先生記念王太守道不敢老世臺今年多少尊庚了蘧公子道晚生三十七歲王太守道一向總隨尊大人任所的蘧公子道家君做縣令

時晚生尚幼相隨敝門伯范老先生在山東督學幕中讀書也帮他看看卷子直到陞任南昌署內無人辦事這數年總在這裏的王太守道尊大人精神正旺何以就這般急流勇退了蘧公子道家君常說宦海風波實難久戀況做秀才的時候原有幾畝薄產可供饘粥先人敝廬可蔽風雨就是琴罇罏几藥欄花榭都也還有幾處可以消遣所以在風塵勞攘的時候每懷

長林豐草之思而今却可賦遂初了王太守道自古道休官莫問子看老世臺這等襟懷高曠尊大人所以得暢然掛冠笑著說道將來不日高科鼎甲老先生正好做封翁享福了蘧公子道老先生人生賢不肖到也不在科名晚生只願家君早歸田里得以菽水承歡這是人生至樂之事王太守道如此更加可敬了說着換了三徧茶寬去大衣服坐下說到交代一事王太守著實作難蘧公子道老先生不必過費清心

家君在此數年布衣蔬食不過仍舊是儒生行徑歷年所積俸餘約有二千餘金如此地倉穀馬匹雜項之類有甚麽缺少不敷處悉將此項送與老先生任意塡補家君知道老先生數任京官宦囊清苦决不有累王太守見他說得大方爽快滿心歡喜須臾擺上酒來奉席坐下王太守慢慢問道地方人情可還有甚麽出產詞訟裏可也略有些甚麽通融蘧公子道南昌人情鄙野有餘巧詐不足若說地方出產及詞訟

之事家君在此准的詞訟甚少若非綱常倫紀大事其餘戶昏田土都批到縣裏去務在安輯與民休息至於處處利數也絕不耐煩去搜剔他或者有也不可知但只問著晚生便是問道於盲了王太守笑道可見三年清知府十萬雪花銀的話而今也不甚確了當下酒過數巡蘧公子見他問的都是些鄙陋不過的話因又說起家君在這裏無他好處只落得个訟簡刑清所以這些幕賓先生在衙門裏都也吟嘯自若

還記得前任臬司向家君說道聞得貴府衙門裏有三樣聲息王太守道是那三樣蘧公子道是吟詩聲下碁聲唱曲聲王太守大笑道這三樣聲息却也有趣的緊蘧公子道將來老先生一番振作只怕要換三樣聲息王太守道是那三樣蘧公子道是戥子聲算盤聲板子聲王太守並不知這話是譏誚他正容答道而今你我替朝廷辦事只怕也不得不如此認真蘧公子十分大酒量王太守也最好飲彼此傳杯換盞

直喫到日西時分將交代的事當面言明王太守許定出結作別去了過了幾日蘧太守果然送了一項銀子王太守替他出了結蘧太守帶着公子家眷裝著半船書畫回嘉興去了王太守送到城外回來果然聽了蘧公子的話釘了一把頭號的庫戥把六房書辦都傳進來問明了各項內的餘利不許欺隱都派入官三日五日一比用的是頭號板子把兩根板子拏到內衙上秤較了一輕一重都寫了暗號在上面出

來坐堂之時吩咐叫用大板皂隸若取那輕的就知他得了錢了就取那重板子打皂隸這些衙役百姓一个个被他打得魂飛魄散合城的人無一个不知道太爺的利害睡夢裏也是怕的因此各上司訪聞都道是江西第一个能員做到兩年多些各處薦了適值江西寧王反亂各路戒嚴朝廷就把他推陞了南贛道催趲軍需王太守接了羽檄文書星速赴南贛到任到任未久出門查看臺站大軍駟馬在路曉行夜

宿那日到了一个地方落在公館公館是个舊人家一所大房子走進去舉頭一看正廳上懸著一塊匾匾上帖著紅紙上面四个大字是驊騮開道王道臺看見喫了一驚到廳陞座屬員衙役參見過了掩門用飯忽見一陣大風把那片紅紙吹在地下裏面現出綠底金字四个大字是天府夔龍王道臺心裏不勝駭異纔曉得關聖帝君判斷的話直到今日纔驗那所判兩日黃堂便就是南昌府的个昌字可見萬事分定一宿無話查畢公事回衙次年寧王統兵破了南贛官軍百姓開了城門抱頭鼠竄四散亂走王道臺也抵當不住叫了一隻小船黑夜逃走走到大江中遇著寧王百十隻艨艟戰船明盔亮甲船上有千萬火把照見小船叫一聲拏幾十个兵卒跳上船來走進中艙把王道臺反剪了手捉上大船那些從人船家殺的殺了還有怕殺的跳在水裏死了王道臺唬得撒抖抖的顫燈燭影裏望見寧王坐在上面不敢擡頭

寧王見了慌走下來親手替他解了縛叫取衣裳穿了說道孤家是奉太后密旨起兵誅君側之奸你既是江西的能員降順了孤家少不得陞授你的官爵王道臺顫抖抖的叩頭道情願降順寧王道既然願降待孤家親賜一杯酒此時王道臺被縛得心口十分疼痛跪著接酒在手一飲而盡心便不疼了又磕頭謝了王爺即賞與江西按察司之職自此隨在寧王軍中聽見左右的人說寧王在玉牒中是第八个王子

方纔悟了關聖帝君所判琴瑟琵琶頭上是八个王字到此無一句不驗了寧王鬧了兩年不想被新建伯王守仁一陣殺敗束手就擒那些僞官殺的殺了逃的逃了王道臺在衙門並不曾收拾得一件東西只取了一个枕箱裏面幾本殘書和幾兩銀子換了青衣小帽黑夜逃走真乃是慌不擇路趕了幾日旱路又搭船走昏天黑地一走直到了浙江烏鎮地方那日住了船客人都上去喫點心王惠也拿了幾个錢上

岸那點心店裏都坐滿了只有一个少年獨自據了一桌王惠見那少年彷彿有些認得却想不起問店的道客人你來同這位客人一席坐罷王惠便去坐在對席少年立起身來同他坐下王惠忍不住問道請教客人貴處那少年道嘉興王惠道尊姓那少年道姓蘧王惠道向日有位蘧老先生曾做過南昌太守可與足下一家那少年驚道便是家祖老客何以見問王惠道原來是蘧老先生的令公孫失敬了那少年

道却是不曾拜問貴姓仙鄉王惠道這里不是說話處寶舟在那邊蘧公孫道就在岸邊當下會了賬兩人相攜著下了船坐下王惠道當日在南昌相會的少爺台諱是景玉想是令叔蘧公孫道這便是先君王惠驚道原來便是尊翁怪道面貌相似却如何這般稱呼難道已仙遊了麽蘧公孫道家祖那年南昌解組次年即不幸先君見背王惠聽罷流下淚來說道昔年在南昌蒙尊公骨月之誼今不想已作故人世兄

今年貴庚多少了蘧公孫道虛度十七歲到底不曾請教貴姓仙鄉王惠道盛從同船家都不在此麼蘧公孫道他們都上岸去了王惠附耳低言道便是後任的南昌知府王惠蘧公孫大驚道聞得老先生已榮陞南贛道如何改裝獨自到此王惠道只爲寧王反叛弟便掛印而逃却爲圍城之中不曾取出盤費蘧公孫道如今却將何往王惠道窮途流落那有定所就不曾把降順寧王的話說了出來蘧公孫道老先生既邊疆不守今日却不便出來自呈只是茫茫四海盤費缺少如何使得晚學生此番却是奉家祖之命在杭州舍親處討取一椿銀子現在舟中今且贈與老先生以爲路費去尋一个僻靜所在安身爲妙說罷即取出四封銀子遞與王惠共二百兩王惠極其稱謝因說道兩邊船上都要趕路不可久遲只得告别周濟之情不死當以厚報雙膝跪了下去蘧公孫慌忙跪下同拜了幾拜王惠又道我除了行李被褥之外

一無所有只有一个枕箱內有殘書幾本此時潛踪在外雖這一點物件也恐被人識認惹起是非如今也將來交與世兄我輕身更好逃竄了蘧公孫應諾他即刻過船取來交代彼此灑淚分手王惠道敬問令祖老先生今世不能再見來生犬馬相報便了分別去後王惠另覓了船人到太湖自此更姓改名削髮披緇去了蘧公孫回到嘉興見了祖父說起路上遇見王太守的話蘧太守大驚道他是降順了寧王的公孫道這却不曾說明只說是挂印逃走並不曾帶得一點盤纏蘧太守道他雖犯罪朝廷却與我是个故交何不就將你討來的銀子送他盤費公孫道已送他了蘧太守道共是多少公孫道只取得二百兩銀子儘數送與他了蘧太守不勝歡喜道你真可謂汝父之肖子就將當日公子交代的事又告訴了一遍公孫見過乃祖進房去見母親劉氏母親問了些路上的話慰勞了一番進房歇息次日在乃祖跟前又說道

王太守枕箱內還有幾本書取出來送與乃祖
看蘧太守看了都是鈔本其他也還沒要緊只
內有一本是高青邱集詩話有一百多紙就是
青邱親筆繕寫甚是精工蘧太守道這本書多
年藏之大內數十年來多少才人求見一面不
能天下並沒有第二本你今無心得了此書真
乃天幸須是收藏好了不可輕易被人看見蘧
公孫聽了心裏想道此書既是天下沒有第二
本何不竟將他繕寫成帙添了我的名字刊刻

起來做這一番大名主意已定竟去刻了起來
把高季迪名字寫在上面下面寫嘉興蘧來旬
駪夫氏補輯刻畢刷印了幾百部徧送親戚朋
友人人見了賞玩不忍釋手自此浙西各郡都
仰慕蘧太守公孫是个少年名士蘧太守知道
了成事不說也就此常教他做些詩詞寫斗方
同諸名士贈答一日門上人進來稟道婁府兩
位少老爺到了蘧太守叫公孫你婁家表叔到
了快去迎請進來公孫領命慌出去迎這二位

乃是婁中堂的公子中堂在朝二十餘年薨逝之後賜了祭葬謚爲文恪乃是湖州人氏長子現任通政司大堂這位三公子諱琫字玉亭是个孝廉四公子諱瓚字瑟亭在監讀書是蘧太守的親內姪公孫隨著兩位進來蘧太守歡喜親自接出廳外檐下兩人進來請姑丈轉上拜了下去蘧太守親手扶起叫公孫過來拜見了表叔請坐奉茶二位婁公子道自拜別姑丈大人屈指已十二載小姪們在京聞知姑丈桂冠歸里無人不拜服高見今日得拜姑丈早已鬚鬢皓然可見有司官是勞苦的蘧太守道我本無宦情南昌待罪數年也不會做得一些事業虛糜朝廷爵祿不如退休了好不想到家一載小兒亡化了越覺得胸懷冰冷細想來只怕還是做官的報應婁三公子道表兄天才磊落英多誰想享年不永幸得表姪已長成人侍奉姑丈膝下還可借此自寬婁四公子道便是小姪們聞了表兄訃音思量總角交好不想中路分

離臨終也不能一別同三兄悲痛過深幾乎發了狂疾大家兄念著也終日流涕不止蘧太守道令兄宦況也還覺得高興麼二位道通政司是个清淡衙門家兄在那裏浮沉著絕不曾有甚麼建白却是事也不多所以小姪們在京師轉覺無聊商議不如返舍爲是坐了一會換去衣服二位又進去拜見了表嫂公孫陪奉出來請在書房裏面前一个小花圃琴罇罏几竹石禽魚蕭然可愛蘧太守也換了葛巾野服挂著

天台藤杖出來陪坐擺出飯來用過飯烹茗清談說起江西寧王反叛的話多虧新建伯神明獨運建了這件大功除了這番大難婁三公子道新建伯此番有功不居尤爲難得四公子道據小姪看來寧王此番舉動也與成祖差不多只是成祖運氣好到而今稱聖稱神寧王運氣低就落得个爲賊爲虜也要算一件不平的事蘧太守道成敗論人固是庸人之見但本朝大事你我做臣子的說話須要謹慎四公子不敢

再說了那知這兩位公子因科名蹭蹬不得早年中鼎甲入翰林激成了一肚子牢騷不平每常只說自從永樂篡位之後明朝就不成个天下每到酒酣耳熱更要發這一種議論婁通政也是聽不過恐怕惹出事來所以勸他回浙江當下又談了一會閒話兩位問道表姪學業近來造就何如却還不曾恭喜畢過姻事太守道不瞞二位賢姪說我只得這一个孫子自小嬌養慣了我每常見這些教書的先生也不見有

甚麼學問一味粧模做樣動不動就是打罵人家請先生的開口就說要嚴老夫姑息的緊所以不曾著他去從時下先生你表兄在日自已教他讀些經史自你表兄去後我心裏更加憐惜他已替他捐了个監生舉業也不曾十分講究近來我在林下倒常教他做幾首詩吟咏性情要他知道樂天知命的道理在我膝下承歡便了二位公子道這个更是姑丈高見俗語說得好與其出一个斲喪元氣的進士不如出一

个培養陰隲的通儒這个是得緊遽大守便叫公孫把平日做的詩取幾首來與二位表叔看二位看了稱賛不已一連留住盤桓了四五日二位辭別要行遽太守治酒餞別席間說起公孫姻事這裏大戶人家也有央著來說的我是个窮官怕他們爭行財下禮所以就遲著賢姪在湖州若是老親舊戚人家爲我留意貧窮些也不妨二位應諾了當日席終次早叫了船隻先發上行李去遽太守叫公孫親送上船自已

出來廳事上作別說到老夫因至親在此數日家常相待休怪怠慢二位賢姪回府到令先太保公及尊公文恪公墓上提著我的名字說我遽祐年邁龍鍾不能親自再來拜謁墓道了兩公子聽了悚然起敬拜別了姑丈遽太守執手送出大門公孫先在船上候二位到時拜別了表叔看著開了船方纔回來兩公子坐著一隻小船蕭然行李仍是寒素看見兩岸桑陰稠密禽鳥飛鳴不到半里多路便是小港裏邊撑出

船來賣此菱藕兩弟兄在船內道我們幾年京華塵土中那得見這樣幽雅景致宋人詞說得好算計只有歸來是果然果然看看天色晚了到了一鎮人家桑陰裏射出燈光來直到河裏兩公子道叫船家泊下船此處有人家上面沽些酒來消此良夜就在這裏宿了罷船家應諾泊了船兩弟兄凭舷痛飲談說古今的事次早船家在船中做飯兩弟兄上岸閒步只見屋角頭走過一个人來見了二位納頭便拜下去說道婁少老爺認得小人麼只因遇着這个人有分教公子好客結多少碩彥名儒相府開筵常聚些布衣韋帶畢竟此人是誰且聽下回分解

此篇結過王惠遞入二婁文筆漸趨于雅譬如遊山者奇峰怪石陡巖絕壁已經歷盡忽然蒼翠迎人別開一境使人應接不暇

二婁因早年蹭蹬激成一段牢騷此正東坡所謂一肚皮不合時宜也雖是名士習氣然與斗方名士自是不同

儒林外史第九回

婁公子捐金贖朋友　劉守備冒姓打船家

話說兩位公子在岸上閒步忽見屋角頭走過一个人來納頭便拜兩公子慌忙扶起說道足下是誰我不認得那人道兩位少老爺認不得小人了麽兩公子道正是面善一會兒想不起那人道小人便是先太保老爺坟上看坟的鄒吉甫的兒子鄒三兩公子大驚道你却如何在此處鄒三道自少老爺們都進京之後小的老子看著坟山著實興旺門口又置了幾塊田地那舊房子就不彀住了我家就另買了房子搬到東村那房子讓與小的叔子住後來小的家弟兄幾个又娶了親東村房子只彀大哥大嫂子二哥二嫂子住小的有个姐姐嫁在新市鎮姐夫没了姐姐就把小的老子和娘都接了這里來住小的就跟了來的兩公子道原來如此我家坟山没有人來作踐麽鄒三道這是那个敢府縣老爺們大凡往那裡過都要進來磕頭

一莖草也沒人動兩公子道你父親母親而今在那里鄒三道就在市稍盡頭姐姐家住著不多幾步小的老子時常想念二位少老爺的恩德不能見面三公子向四公子道鄒吉甫這老人家我們也甚是想他既在此不遠何不去到他家裡看看四公子道最好帶了鄒三回到岸上叫跟隨的吩咐過了船家鄒三引著路一徑走到市稍頭只見七八間矮小房子兩扇籬笆門半開半掩鄒三走去叫道阿爺三少老爺四少老爺在此鄒吉甫裏面應道是那个挂著拐杖出來望見兩位公子不覺喜從天降讓兩公子走進堂屋丟了拐杖便要倒身下拜兩公子慌忙扶住道你老人家何消行這个禮兩公子扯他同坐下鄒三捧出茶來鄒吉甫親自接了送與兩公子喫著三公子道我們從京裏出來一到家就要到先太保墳上掃墓算計著會你老人家却因繞道在嘉興看蘧姑老爺無意中走這條路不想撞見你兒子說你老人家在這

里得以會着相別十幾年你老人家越發康健了方纔聽見說你那兩个令郎都娶了媳婦曾添了幾个孫子了麽你的老伴也同在這里說着那老婆婆白髮齊眉出來向兩公子道了萬福兩公子也還了禮鄒吉甫道你快進去向女孩兒說整治起飯來留兩位少老爺坐坐婆婆進去了鄒吉甫道我夫妻兩个感激太老爺少老爺的恩典一時也不能忘我這老婆子每日在這房檐下燒一炷香保祝少老爺們仍舊官居一品而今大少老爺想也是大轎子四公子道我們弟兄們都不在家有甚好處到你老人家却說這樣的說越說得我們心裏不安三公子道況且墳山累你老人家看守多年我們方且知感不盡怎說這話鄒吉甫道蘧姑老爺已是告老回鄉了他少爺可惜去世小公子想也長成人了麽三公子道他今年十七歲資性倒也還聰明的鄒三捧出飯米鷄魚肉鴨齊齊整整還有幾樣蔬菜擺在棹上請兩位公子坐下

鄒吉甫不敢來陪兩公子再三扯他同坐斟上酒來鄒吉甫道鄉下的水酒老爺們恐喫不慣四公子道這酒也還有些身分鄒吉甫道再不要說起而今人情薄了這米做出來的酒汁都是薄的小老還是聽見我死鬼父親說在洪武爺手裏過日子各樣都好二斗米做酒足有二十斤酒娘子後來永樂爺掌了江山不知怎樣的事事都改變了二斗米只做的出十五六觔酒來像我這酒是扣著水下的還是這般淡薄無味三公子道我們酒量也不大只這个酒十分好了鄒吉甫喫著酒說道不瞞老爺說我是老了不中用了怎得天可憐見讓他們孩子們再過幾年洪武爺的日子就好了四公子聽了望着三公子笑鄒吉甫又道我聽見人說本朝的天下要同孔夫子的周朝一樣好的就為出了个永樂爺就弄壞了這事可是有的麼三公子笑道你鄉下一个老實人那裏得知這些話這話畢竟是誰向你說的鄒吉甫道我本來果

然不曉得這些話因我這鎮上有个鹽店鹽店一位管事先生閒常無事就來到我們這稻場上或是柳陰樹下坐著說的這些話所以我常聽見他兩公子驚道這先生姓甚麼鄒吉甫道他姓楊爲人忠直不過又好看的是个書要便袖口內藏了一卷隨處坐著拏出來看往常他在這裏飯後沒事也好步出來了而今要見這先生却是再不能得公子道這先生往那里去了鄒吉甫道再不要說起楊先生雖是生意出

身一切賬目却不肯用心料理除了出外閒遊在店裏時也只是垂簾看書憑著這夥計胡三所以一店里人都稱呼他是个老阿獃先年東家因他爲人正氣所以託他管總後來聽見這些獃事本東自已下店把賬一盤却虧空了七百多銀子問著又沒處開消還在東家面前咬文嚼字指手畫脚的不服東家惱了一張呈子送在德清縣裏縣主老爺見是鹽務的事點到奉承把這先生拏到監裏坐着追比而今已在

監裏將有一年半了三公子道他家可有甚麽產業可以賠償吉甫道有到好了他家就住在村口外四里多路兩个兒子都是蠢人既不做生意又不讀書還靠著老官養活卻將甚麽賠償四公子向三公子道窮鄉僻壤有這樣讀書君子卻被守錢奴如此凌虐足令人怒髮衝冠我們可以商量个道理救得此人麽三公子道他不過是欠債並非犯法如今只消到城裏問明底細替他把這幾兩債負弄淸了就是這有

何難四公子道這最有理我兩人明日到家就去辦這件事鄒吉甫道阿彌陀佛二位少老爺是肯做好事的想著從前已往不知拔濟了多少人如今若救出楊先生來這一鎮的人誰不感仰三公子道吉甫這句話你在鎮上且不要說出來待我們去相機而動四公子道正是未知事體做的來與做不來說出來就沒趣了于是不用酒了取飯來吃過匆匆回船鄒吉甫拄著拐杖送到船上說少老爺們恭喜回府小老

遲日再來城裏府內候安又叫鄒三捧著一瓶酒和些小菜送在船上與二位少老爺消夜看著開船方纔回去了兩公子到家淸理了些家務應酬了幾天客事即便喚了一个辦事家人晉爵叫他去到縣裏查新市鎭鹽店裏送來監禁這人是何名字虧空何項銀兩共計多少本人有功名沒功名都查明白了來說晉爵領命來到縣衙戶房書辦原是晉爵拜盟的弟兄見他來查連忙將案尋出用紙謄寫一通遞與他

拏了回來回覆兩公子只見上面寫着新市鎭公裕旗鹽店呈首商人楊執中即楊允累年在店不守本分嫖賭穿喫侵用成本七百餘兩有悞國課懇恩追比云云但查本人係廩生挨貢不便追比合詳請褫革以便嚴比今將本犯權時寄監收禁候上憲批示然後勒限等情四公子道這也可笑的緊廩生挨貢也是衣冠中人物今不過侵用鹽商這幾兩銀子就要將他褫革追比是何道理三公子道你問明了他並無

别情麽晋爵道小的問明了並無别情三公子道既然如此你去把我們前日黄家圩那八來贖田的一宗銀子兌七百五十兩替他上庫再寫我兩人的名帖向德清縣説這楊貢生是家老爺們相好叫他就放出監來你再拏你的名字添上一個保狀你作速去辦理四公子道晋爵這事你就去辦不可怠慢那楊貢生出監來你也不必同他説什麽他自然到我這裏來相會晋爵應諾去了晋爵只帶二十兩銀子一直

到書辦家把這銀子送與書辦説道楊貢生的事我和你商議个主意書辦道既是太師老爺府裏發的有帖子這事何難隨即打个禀帖説這楊貢生是婁府的人兩位老爺發了帖現有婁府家人具的保狀况且婁府説這項銀子非賍非帑何以便行監禁此事乞老爺上裁知縣聽了婁府這番話心下著慌却又回不得鹽商傳進書辦去細細商酌只得把幾項鹽規銀子湊齊補了這一項准了晋爵保狀即刻把楊貢

生放出監來也不用發落釋放去了那七百多銀子都是晉爵兌納把放來的話都回覆了公子公子知道他出了監自然就要來謝那知楊執中並不曉得是甚麼緣故縣前問人說是一个姓晉的晉爵保了他去他自心裏想生平並認不得這姓晉的疑惑一番不必管他落得身子乾淨且下鄉家去照舊看書到家老妻接著喜從天降兩个蠢兒子日日在鎮上賭錢半夜也不歸家只有一个老嫗又痴又聾在家燒火

做飯聽候門戶楊執中次日在鎮上各家相熟處走走鄒吉甫因是第二个兒子養了孫子接在東莊去住不曾會著所以婁公子這一番義舉做夢也不得知道婁公子過了月餘弟兄在家不勝詫異想到越石甫故事心裏覺得楊執中想是高絕的學問更加可敬一日三公子向四公子道楊執中至今並不來謝此人品行不同四公子道論理我弟兄既仰慕他就該先到他家相見訂交定要望他來報謝這不是俗情

了麼三公子道我也是這樣想但豈不聞公子有德于人願公子忘之之說我們若先到他家可不象要特地自明這件事了四公子道相見之時原不要提起朋友聞聲相思命駕相訪也是常事難道因有了這些緣故倒反隔絕了相與不得的三公子道這話極是有理當下商議已定又道我們須先一日上船次日早到他家以便作盡日之談于是叫了一隻小船不帶從者下午下船走了幾十里此時正值秋末冬初

晝短夜長河裏有些朦朦的月色這小船乘著月色搖著櫓走那河裏各家運租米船挨擠不開這船却小只在船傍邊擦過去看看二更多天氣兩公子將次睡下忽聽一片聲打的河路響這小船却没有燈艙門又關著四公子在板縫裏張一張見上流頭一隻大船明晃晃點著兩對大高燈一對燈上字是相府一對是通政司大堂船上站著幾个如狼似虎的僕人手拏鞭子打那擠河路的船四公子唬了一跳低低

叫三哥你過來看看這是那个三公子來看了一看這僕人却不是我家的說著那船已到了跟前拏鞭子打這小船的船家船家道好好的一條河路你走就走罷了行寬打怎的船上那些人道狗攮的奴才你睜開驢眼看看燈籠上的字船是那家的船船家道你燈上掛着相府我知道你是那个宰相家那些人道瞎眼的死囚湖州除了婁府還有第二个宰相船家道婁府罷了是那一位老爺那船上道我們是婁三老爺裝租米的船誰人不曉得這狗攮的再回嘴拏繩子來把他拴在船頭上明日回過三老爺拏帖子送到縣裏且打幾十板子再講船家道婁三老爺現在我船上你那里又有个婁三老爺出來了兩公子聽著暗笑船家開了艙板請三老爺出來給他們認一認三公子走在船頭上此時月尚未落映著那邊的燈光照得亮三公子問道你們是我家那一房的家人那些人却認得三公子一齊都慌了齊跪下道小人

們的主人𨚫不是老爺一家小人們的主人劉老爺曾做過守府因從莊上運些租米怕河路裏擠大膽借了老爺府裏官銜不想就衝撞了三老爺的船小的們該死了三公子道你主人雖不是我本家𨚫也同在鄉里借個官銜燈籠何妨但你們在河道裏行兇打人𨚫使不得你們說是我家豈不要壞了我家的聲名況你們也是知道的我家從沒有人敢做這樣事你們起來就回去見了你們主人也不必說在河裏

遇著我的這一番話只是下次也不必如此難道我還計較你們不成衆人應諾謝了三老爺的恩典磕頭起來忙把兩副高燈登時吹息將船溜到河邊上歇息去了三公子進艙來同四公子笑了一回四公子道船家你究竟也不該說出我家三老爺在船上又請出與他看把他們埽這一場大興是何意思船家道不說句他把我船板都要打通了好不兇惡這一會纔現出原身來了說罷兩公子解衣就寢小船搖櫓

行了一夜清晨已到新市鎮泊岸兩公子取水洗了面吃了些茶水點心吩咐了船家好好的看船在此伺候兩人走上岸來到市稍盡頭鄒吉甫女兒家見關著門敲門問了一問纔知道老鄒夫婦兩人都接到東莊去了女兒留兩位老爺喫茶也不曾坐兩人出了鎮市沿著大路去走有四里多路遇著一个挑柴的樵夫問他這里有个楊執中老爺家住在那裏樵夫用手指著遠望著一片紅的便是他家屋後你們打

從這條小路穿過去兩位公子謝了樵夫披榛覔路到了一个村子不過四五家人家幾間茅屋屋後有兩顆大楓樹經霜後楓葉通紅知道這是楊家屋後了又一條小路轉到前門門前一條澗溝上面小小板橋兩公子過得橋來看見楊家兩扇板門關著見人走到那狗便吠起來三公子自來叩門叩了半日裏面走出一个老嫗來身上衣服甚是破爛兩公子近前問道你這里是楊執中老爺家麼問了兩徧方纔點

頭道便是你是那里來的兩公子道我弟兄兩个姓婁在城裏住特來拜訪楊執中老爺的那老嫗又聽不明白說道是姓劉麽兩公子道姓婁你只向老爺說是大學士婁家便知道了老嫗道老爺不在家裏從昨日出門看他們打魚並不曾回來你們有甚麽說話改日再來罷說罷也不曉得請進去請坐喫茶竟自關了門回去了兩公子不勝悵悵立了一會只得仍舊過橋依著原路回到船上進城去了楊執中這老

獃直到晚裏纔回家來老嫗告訴他道早上城裏有兩个甚麽姓柳的來尋老爹說他在甚麽大覺寺裡住楊執中道你怎麽回他去的老嫗道我說老爹不在家叫他改日來罷楊執中自心裏想那个甚麽姓柳的忽然想起當初鹽商告他打官司縣裏出的原差姓柳一定是這差人要來找錢因把老嫗駡了幾句道你這老不死老蠢蟲這樣人來尋我你只回我不在家罷了又叫他改日來怎的你就這樣沒用老嫗又

不服回他的嘴楊執中惱了把老嫗打了幾个嘴巴踢了幾腳自此之後恐怕差人又來尋他從清早就出門閒混直到晚纔歸家不想婁府兩公子放心不下過了四五日又叫船家到鎮上仍舊步到門首敲門老嫗開門看見還是這兩个人惹起一肚子氣發作道老爹不在家里你們只管來尋怎的兩公子道前日你可曾說我們是大學士婁府老嫗道還說甚麽為你這兩个人帶累我一頓拳打腳踢今日又來做甚

麼老爹不在家還有些日子不來家哩我不得工夫要去燒鍋做飯說著不由兩人再問把門關上就進去了再也敲不應兩公子不知是何緣故心裏又好惱又好笑立了一會料想叫不應了只得再回船來船搖著行了有幾家里路一个賣菱的船船上一个小孩子搖近船來那孩子手扶著船窻口裏說道買菱那買菱那船家把繩子拴了船且秤菱角兩公子在船窻內伏著問那小孩子道你是那村裏住那小孩子

道我就在這新市鎮上四公子道你這里有个楊執中老爹你認得他麽那小孩子道怎麽不認得這位老先生是个和氣不過的人前日趂了我的船去前村看戲袖子裏還丢下一張紙卷子寫了些字在上面三公子道在那里那小孩子道在艙底下不是三公子道取過來我們看看那小孩子取了遞過來接了船家買菱的錢搖著去了兩公子打開看是一幅素帋上面寫著一首七言絶句詩道不敢妄爲些子事只因曾讀數行書嚴霜烈日皆經過次第春風到

草廬後面一行寫楓林拙叟楊允草兩公子看罷不勝嘆息說道這先生襟懷沖淡其實可敬只是我兩人怎麽這般難會這日雖霜楓凄緊却喜得天氣晴明四公子在船頭上看見山光水色徘徊眺望只見後面一隻大船趕將上來船頭上一个人叫道婁四老爺請攏了船家老爺在此船家忙把船攏過去那人跳過船來磕了頭看見艙裏道原來三老爺也在此只因過

着這隻船有分教少年名士豪門喜結絲蘿相府儒生勝地廣招俊傑畢竟這船是那一位貴人且聽下回分解

婁氏兩公子因不能早年中進士入詞林激成一肚子牢騷是其本源受病處狂言發于蘧太守之前太守遂正色以拒之不意窮鄉之中乃有不識字之村父其見解竟與已之見解同雖欲不以爲知言烏可得已一細叩之而始知索解者別有人在此時即有百口

稱說楊執中爲不通之老阿獃亦不能疎兩公子納交之般也故執中愈不來而公子想慕執中之心愈濃愈確其中如看門之老嫗賣菱之童子無心點逗若離若合筆墨之外逸韵橫生

冒姓打船家一段與上文吩附晉爵贖楊執中一段兩兩對勘才夾出眞鄉紳身分非如嚴貢生老時時要寫帖子究竟不曾與湯父母謀面者比且文字最嫌直率假使兩公子篤

一葉之扁舟走到新市鎮便會見楊執中路上一些些事也没有豈非時下小說庸俗不堪之筆墨有何趣味乎

儒林外史第十回

魯翰林憐才擇壻　蘧公孫富室招親

話說婁家兩位公子在船上後面一隻大官船趕來叫攏了船一个人上船來請兩公子認得是同鄉魯編修家裏的管家問道你老爺是幾時來家的管家道告假回家尚未曾到三公子道如今在那里管家道現在大船上請二位老爺過去兩公子走過船來看見貼著翰林院的封條編修公已是方巾便服出來站在艙門口

編修原是太保的門生當下見了笑道我方纔遠遠看見船頭上站的是四世兄我心裏正疑惑你們怎得在這小船上不想三世兄也在這裏有趣的緊請進艙裏去讓進艙內彼此拜見過了坐下三公子道京師拜別不覺又是半載世老先生因何告假回府魯編修道老世兄做窮翰林的人只望著幾回差事現今肥美的差都被別人鑽謀去了白白坐在京裏賠錢度日況且弟年將五十又無子息只有一个小女還

不曾許字人家思量不如告假返舍料理些家務再作道理二位世兄爲何駕著一隻小船在河裏從人也不帶一个却做甚麽事四公子道小弟總是閒著無事的人因見天氣晴暖同家兄出來閒遊也沒甚麽事魯編修道弟今早在那邊鎮上去看一个故人他要留我一飯我因怱怱要返舍就苦辭了他他却將一席酒餚送在我船上今喜遇著二位世兄正好把酒話舊因問從人道二號船可曾到船家答應道不曾

到還離的遠哩魯編修道這也罷了叫家人把二位老爺行李般上大船來那船叫他回去罷吩咐擺了酒席斟上酒來同飲說了些京師裏各衙門的細話魯編修又問問故鄉的年歲又問近來可有幾个有名望的人三公子因他問這一句話就說出楊執中這一个人可以算得極高的品行就把這一張詩拏出來送與魯編修看魯編修看罷愁著眉道老世兄似你這等所爲怕不是自古及今的賢公子就是信陵君

春申君也不過如此但這樣的人盜虛聲者多有實學者少我老實說他若果有學問爲甚麽不中了去只做這兩句詩當得甚麽就如老世兄這樣屈尊好士也算這位楊兄一生第一个好遭際了兩回躲著不敢見面其中就可想而知依愚見這樣人不必十分周旋他也罷了兩公子聽了這話默然不語又吃了半日酒講了些閒話已到城裏曾編修定要送兩位公子回家然後自己回去兩公子進了家門看門的禀道蘧小少爺來了在太太房裏坐著哩兩公子走進內堂見蘧公孫在那裏三太太陪著公孫見了表叔來慌忙見禮兩公子扶住邀到書房蘧公孫呈上乃祖的書札並帶了來的禮物所刻的詩話每位一本兩公子將此書畧翻了幾頁稱賛道賢姪少年如此大才我等俱要退避三舍矣蘧公孫道小子無知妄作要求表叔指點兩公子歡喜不已當夜設席接風留在書房歇息次早起來會過蘧公孫就換了衣服叫家

人持帖坐轎子去拜魯編修拜罷回家即吩咐厨役脩備席發帖請編修公明日接風走到書房內向公孫笑著說道我們明日請一位客勞賢姪陪一陪蘧公孫問是那一位三公子道就是我這同鄉魯編修也是先太保做會試總裁取中的四公子道究竟也是個俗氣不過的人那因我們和他世兄弟又前日船上遇著就先擾他一席酒所以明日邀他來坐坐說著看門的人進來稟說紹興姓牛的牛相公叫做牛布衣在外候二位老爺三公子道快請廳上坐蘧公孫道這牛布衣先生可是曾在山東范學臺幕中的三公子道正是你怎得知蘧公孫道曾和先父同事小姪所以知道四公子道我們倒忘了尊公是在那裏的隨即出去會了牛布衣談之良久便同牛布衣走進書房蘧公孫上前拜見牛布衣說道適纔會見令表叔纔知尊大人已謝賓客使我不勝傷感今幸見世兄如此英英玉立可稱嗣續有人又要破涕為笑因問令

祖老先生康健麽蘧公孫答道托庇粗安家祖每常也時時想念老伯牛布衣又說起范學臺幕中查一个童生卷子尊公說出何景明的一段話眞乃談言微中名士風流因將那一席話又述了一遍兩公子同蘧公孫都笑了三公子道牛先生你我數十年故交凡事忘形今又喜得舍表姪得接大教竟在此坐到晚去少頃擺出酒席四位樽酒論文直吃到日暮牛布衣告別兩公子問明寓處送了出去次早遣家人去

邀請曾編修直到日中纔來頭戴紗帽身穿蟒衣進了廳事就要進去拜老師神主兩公子再三辭過然後寬衣坐下獻茶茶罷蘧公孫出來拜見三公子道這是舍表姪南昌太守家姑丈之孫曾編修道久慕久慕彼此謙讓坐下寒暄已畢擺上兩席酒來曾編修道老世兄這个就不是了你我世交知己間何必做這些客套依弟愚見這廳事也太闊落意欲借尊齋只須一席酒我四人促膝談心方纔暢快兩公子見這

般說竟不違命當下讓到書房裏曾編修見瓶花鑪几位置得宜不覺怡悅奉席坐了公子吩咐一聲叫焚香只見一个頭髮齊眉的童子在几上捧了一个古銅香爐出去隨即兩个管家進來放下暖簾就出去了足有一个時辰酒斟三巡那兩个管家又進來把暖簾捲上但見書房兩邊墻壁上板縫裏都噴出香氣來滿座異香襲人曾編修覺飄飄有凌雲之思三公子向曾編修道香必要如此燒方不覺得有烟氣編

修贊嘆了一回同蘧公子談及江西的事問道令祖老先生南昌接任便是王諱惠的了蘧公孫道正是曾編修道這位王道尊却是了不得而今朝廷捕獲得他甚緊三公子道他是降了寧王的曾編修道他是江西保荐第一能員及期就是他先降順了四公子道他這降到底也不是曾編修道古語道得好無兵無粮因甚不降只是各偽官也逃脫了許多只有他領著南赣數郡一齊歸降所以朝廷尤把他罪狀的狠

懸賞捕拏公孫聽了這話那從前的事一字也不敢提曾編修又說起他請仙這一段故事兩公子不知曾編修細說這件事把江西月念了一遍後來的事逐句講解出來又道仙乩也古怪只說道他歸降此後再不判了還是吉凶未定四公子道幾者動之微吉之先見這就是那扶乩的人一時動乎其機說是有神仙又說有靈鬼的都不相干換過了席兩公子把蘧公孫的詩和他刻詩的話請教極誇少年美才曾編

修嘆賞了許久便向兩公子問道令表姪貴庚三公子道十七曾編修道懸弧之慶在于何日三公子轉問蘧公孫公孫道小姪是三月十六亥時生的曾編修點了一點頭記在心裏到晚席散兩公子送了客各自安歇又過了數日蘧公孫辭別回嘉興去兩公子又留了一日這日三公子在內書房寫回覆蘧太守的書纔寫著書童進來道看門的稟事三公子道著他進來看門的道外面有一位先生要求見二位老爺

三公子道你回他我們不在家留下了帖罷看門的道他沒有帖子問著他名姓也不肯說只說要面會二位老爺談談三公子道那先生是怎樣一个人看門的道他有五六十歲頭上也戴的是方巾穿的件繭紬直裰像个斯文人三公子驚道想是楊執中來了忙丟了書子請出四公子來告訴他如此這般似乎楊執中的行徑因叫門上的去請在廳上坐我們就出來會看門的應諾去了請了那人到廳上坐下兩公

子出來相見禮畢奉坐那人道久仰大名如雷灌耳只是無緣不曾拜識三公子道先生貴姓台甫那人道晚生姓陳草字和甫一向在京師行道昨同翰苑魯老先生來遊貴鄉今得瞻二位老爺丰采三老爺耳白於面名滿天下四老爺土星明亮不日該有加官晉爵之喜兩公子聽罷纔曉得不是楊執中問道先生精于風鑑陳和甫道卜易談星看相算命內科外科內丹外丹以及請仙判事扶乩筆籙晚生都略知道

一二向在京師蒙各部院大人及四衙門的老先生請个不歇經晚生許過他陞遷的無不神驗不瞞二位老爺說晚生只是个直言並不肯阿諛趣奉所以這些當道大人俱蒙相愛前日正同魯老先生笑說自離江西今年到貴省屈指二十年來已是走過九省了說罷哈哈大笑左右捧上茶來吃了四公子問道今番是和魯老先生同船來的愚弟兄那日在路遇見魯老先生在船上盤桓了一日却不會會見陳和甫道那日晚生在二號船上到晚纔知道二位老爺在彼這是晚生無緣遲這幾日纔得拜見三公子道先生言論軒爽愚兄弟也覺得恨相見之晚陳和甫道魯老先生有句話托晚生來面致二位老爺可借尊齋一話兩公子道最好當下讓到書房裏陳和甫舉眼四面一看見院宇深沈琴書瀟洒說道真是天上神仙府人間宰相家說畢將椅子移近跟前道魯老先生有一个令愛年方及笄晚生在他府上是知道的這

位小姐德性溫良才貌出衆曾老先生和夫人
因無子息愛如掌上之珠許多人家求親只是
不允昨在尊府會見南昌蘧太爺的公孫著實
愛他才華所以託晚生來問可曾畢過姻事三
公子道這便是舍表姪郤還不曾畢姻極承曾
老先生相愛只不知他這位小姐貴庚多少年
命可相妨礙陳和甫笑道這个倒不消慮令表
姪八字曾老先生在尊府席上已經問明在心
裏了到家就是晚生查算替他兩人合婚小姐

少公孫一歲今年十六歲了天生一對好夫妻
年月日時無一不相合將來福壽綿長子孫衆
多一些些也沒有破綻的四公子向三公子道怪
道他前日在席間諄諄問表姪生的年月我道
是因甚麼原來那時已有意在那裏三公子道
如此極好曾老先生錯愛又蒙陳先生你來作
伐我們即刻寫書與家姑丈擇吉央媒到府奉
求陳和甫作別道容日再來請教今暫告別回
曾老先生話去兩公子送過陳和甫回來將這

話說與蘧公孫道賢姪既有此事都且休要就回嘉興我們寫書與太爺打發盛從回去取了回音來再作道理蘧公孫依命住下家人去了十餘日領着蘧太守的回書來見兩公子道太老爺聽了這話甚是歡喜向小人吩咐說自已不能遠來這事總央煩二位老爺做主央媒拜允一是二位老爺揀擇或娶過去或招在這裏也是二位老爺斟酌呈上回書並白銀五百兩以爲聘禮之用大相公也不必回家住在這裏辦這喜事太老爺身體是康强的一切放心兩公子收了回書銀子擇个吉日央請陳和甫爲媒這邊添上一位媒人就是牛布衣當日兩位月老齊到婁府設席款待過二位坐上轎子管家持帖去魯編修家求親魯編修那裏也設席相留回了允帖並帶了庚帖過來到第三日婁府辦齊金銀珠翠首飾裝蟒刻絲紬緞綾羅衣服羊酒菓品共是幾十擡行過禮去又備了謝媒之禮陳牛二位每位代衣帽銀十二兩代菓

酒銀四兩俱各歡喜兩公子就託陳和甫選定花燭之期陳和甫選在十二月初八日不將大吉送過吉期去魯編修說只得一个女兒捨不得嫁出門要蘧公孫入贅婁府也應允了到十二月初八婁府張燈結綵先請兩位月老喫了一日黃昏時分大吹大擂起來婁府一門官銜燈籠就有八十多對添上蘧太守家燈籠足擺了三四條街還擺不了全副執事又是一班細樂八對紗燈這時天氣初晴浮雲尚不曾退盡

燈上都用綠紬雨帷罩著引著四人大轎蘧公孫端坐在內後面四乘轎子便是婁府兩公子陳和甫牛布衣同送公孫入贅到了魯宅門口開門錢送了幾封只見重門洞開裏面一派樂聲迎了出來四位先下轎進去兩公子穿著公服兩山人也穿著吉服魯編修紗帽蟒袍緞靴金帶迎了出來揖讓升階纔是一班細樂八對絳紗燈引著蘧公孫紗帽宮袍簪花披紅低頭進來到了廳事先奠了雁然後拜見魯編修

修公奉新壻正面一席坐下兩公子兩山人和魯編修兩列相陪獻過三徧茶擺上酒席每人一席共是六席魯編修先奉了公孫的席公孫也回奉了下面奏著細樂魯編修去奉衆位的席蘧公孫偷眼看時是个舊舊的三間廳古老房子此時點幾十枝大蠟燭却極其輝煌須臾送定了席樂聲止了蘧公孫下來告過丈人同二位表叔的席又和兩山人平行了禮入席坐了戲子上來參了堂磕頭下去打動鑼鼓跳了

一齣加官演了一齣張仙送子一齣封贈這時下了兩天雨纔住地下還不甚乾戲子穿著新靴都從廊下板上大寬轉走了上來唱完三齣頭副末執著戲單上來點戲纔走到蘧公孫席前跪下恰好侍席的管家捧上頭一碗膾燕窩來上在桌上管家叫一聲免副末立起呈上戲單忽然乒乓一聲響屋梁上掉下一件東西來不左不右不上不下端端正正掉在燕窩碗裏將碗打翻那熱湯濺了副末一臉碗裏的菜潑

了一桌子定睛看時原來是一个老鼠從梁上走滑了脚掉將下來那老鼠掉在滾熱的湯裏嚇了一驚把碗跳翻爬起就從新郎官身上跳了下去把簇新的大紅緞補服都弄油了衆人都失了色忙將這碗撤去桌子打抹乾凈又取一件員領與公孫換了公孫再三謙讓不肯點戲商議了半日點了三代榮副末領单下去須臾酒過數巡食供兩套廚下捧上湯來那廚役僱的是个鄉下小使他靸了一雙釘鞋捧着六

碗粉湯站在丹墀裏尖着眼睛看戲管家纔掇了四碗上去還有兩碗不曾端他捧着看戲看到戲場上小旦裝出一个妓者扭扭捏捏的唱他就看昏了忘其所以然只道粉湯碗已是端完了把盤子向地下一掀要倒那盤子裏的湯脚却叮噹一聲响把兩个碗和粉湯都打碎在地下他一時慌了彎下腰去抓那粉湯又被兩个狗爭着咂嘴弄舌的來搶那地下的粉湯吃他怒從心上起使盡平生氣力蹺起一隻脚來

踢去不想那狗倒不曾踢著力太用猛了把一隻釘鞋踢脫了踢起有丈把高陳和甫坐在左邊的第一席席上上了兩盤點心一盤猪肉心的燒賣一盤鵝油白糖蒸的餃兒熱烘烘擺在面前又是一大深碗索粉八寶攢湯正待舉起箸來到嘴忽然席口一个烏黑的東西的溜溜的滾了來乒乓一聲把兩盤點心打的稀爛陳和甫嚇了一驚慌立起來衣袖又把粉湯碗招翻潑了一桌滿坐上都覺得詫異魯編修自覺得此事不甚吉利懊惱了一回又不好說隨即悄悄叫管家到跟前罵了幾句說你們都做甚麼却叫這樣人捧盤可惡之極過了喜事一个个都要重責亂着戲子正本做完衆家人掌了花燭把蘧公孫送進新房廳上衆客換席看戲直到天明纔散次日蘧公孫上廳謝親設席飲酒席終歸到新房裏重新擺酒夫妻舉案齊眉此時魯小姐卸了濃裝換幾件雅淡衣服蘧公孫舉眼細看真有沈魚落雁之容閉月羞花之

三四个丫鬟養娘輪流侍奉又有兩个貼身侍女一个叫做采蘋一个叫做雙紅都是裊娜輕盈十分顏色此時蘧公孫恍如身遊閬苑蓬萊巫山洛浦只因這一番有分教閨閣繼家聲有若名師之教草茅隱賢士又招好客之蹤畢竟後事如何且聽下回分解

此篇文字要與嚴二相公娶親對看乃覺一處錦鋪繡列一處酸氣逼人

兩公子一片求賢訪道之盛心被魯編修撓頭一瓢冷水真有并剪哀梨之妙却又能畫出編修惟以資格論人開口便是做衙門俗套可謂雙管齊下矣四公子云究竟也是个俗氣不過的人又被一語道破也

吉期飲宴時忽然生出兩件奇事是埋伏後文編修將病而死所以點明編修自覺此事不甚吉利但閱者至此惟覺蜂飛天外絕倒之不暇亦不足尋味其中線索之妙

儒林外史第十一回

魯小姐制義難新郎　楊司訓相府薦賢士

話說蘧公孫招贅魯府見小姐十分美貌已是醉心還不知小姐又是个才女且他這个才女又比尋常的才女不同魯編修因無公子就把女兒當作兒子五六歲上請先生開蒙就讀的是四書五經十一二歲就講書讀文章先把一部王守溪的稿子讀的滾瓜爛熟教他做破題破承起講題比中比成篇送先生的束修那先

生督課同男子一樣這小姐資性又高記心又好到此時王唐瞿薛以及諸大家之文歷科程墨各省宗師考卷肚裏記得三千餘篇自己作出來的文章又理真法老花團錦簇魯編修每常嘆道假若是个兒子幾十个進士狀元都中來了閒居無事便和女兒談說八股文章若做的好隨你做甚麼東西要詩就詩要賦就賦都是一鞭一條痕一摑一掌血若是八股文章欠講究任你做出甚麼來都是野狐禪邪魔外道

小姐聽了父親的教訓曉粧臺畔刺繡牀前擺滿了一部一部的文章每日丹黃爛然蠅頭細批人家送來的詩詞歌賦正眼兒也不看他家裏雖有幾本甚麽千家詩解學士詩東坡小妹詩話之類倒把與伴讀的侍女采蘋雙紅們看閒暇也教他謅幾句詩以爲笑話此番招贅進蘧公孫來門戶又相稱才貌又相當眞个是才子佳人一雙兩好料想公孫舉業已成不日就是个少年進士但贅進門來十多日香房裏滿

架都是文章公孫却全不在意小姐心裏道這些自然都是他爛熟于胷中的了又疑道他因新婚燕爾正貪歡笑還理論不到這事上又過了幾日見公孫赴宴回房袖裏籠了一本詩來燈下吟哦也拉著小姐並坐同看小姐此時還害羞不好問他只得强勉看了一个時辰彼此睡下到次日小姐忍不住了知道公孫坐在前邊書房裏即取紅紙一條寫下一行題目是身修而后家齊叫采蘋過來說道你去送與姑爺

誡是老爺要請教一篇文字的公孫接了付之一笑回說道我於此事不甚在行況到尊府未經滿月要做兩件雅事這樣俗事還不耐煩做哩公孫心裏只道說向才女說這樣話是極雅的了不想正犯著忌諱當晚養娘走進房來看小姐只見愁眉淚眼長吁短嘆養娘道小姐你纔恭喜招贅了這樣好姑爺有何心事做出這等模樣小姐把日裏的事告訴了一遍說道我只道他舉業已成不日就是舉人進士誰想如

此光景豈不誤我終身養娘勸了一回公孫進來待他詞色就有些不善公孫自知慚愧彼此也不便明言從此啾啾唧唧小姐心裏納悶但說道舉業上公孫總不招攬勸的緊了反說小姐俗氣小姐越發悶上加悶整日眉頭不展夫人知道走來勸女兒道我兒你不要怎般歎氣我看新姑爺人物已是十分了況你爹原愛他是个少年名士小姐道母親自古及今幾曾看見不會中進士的人可以叫做个名士的說著

越要惱怒起來夫人和養娘道這个是你終身大事不要如此況且現放著兩家鼎盛就算姑爺不中進士做官難道這一生還少了你用的小姐道好男不吃分家飯好女不穿嫁時衣依孩兒的意思總是自挣的功名好靠著祖父只算做不成器夫人道就是如此也只好慢慢勸他這是急不得的養娘道當真姑爺不得中你將來生出小公子來自小依你的教訓不要學他父親家裏放著你恁个好先生怕教不出个

狀元來就替你爭口氣你這封誥是穩的說著和夫人一齊笑起來小姐歎了一口氣也就罷了落後魯編修聽見這些話也出了兩个題請教公孫公孫勉强成篇編修公看了都是些詩詞上的話又有兩句像離騷又有兩句子書不是正經文字因此心裏也悶說不出來却全虧夫人將這女壻如同心頭一塊肉看看過了殘冬新年正月公子回家拜祖父母親的年回來正月十二日婁府兩公子請吃春酒公孫到

了兩公子接在書房裏坐問了蘧太守在家的安說道今日也並無外客因是令節約賢姪到來家宴三杯剛纔坐下看門人進來禀看墳的鄒吉甫來了兩公子自從歲內爲蘧公孫畢姻之事忙了月餘又亂著度歲把那楊執中的話已丟在九霄雲外今見鄒吉甫來又忽然想起叫請進來兩公子同蘧公孫都走出廳上見頭上戴着新毡帽身穿一件靑布厚棉道袍脚下踏着暖鞋他兒子小二手裏拏着个布口袋裝

了許多炒米豆腐干進來放下兩公子和他施禮說道吉甫你自恁空身來走走罷了爲甚麼帶將禮來我們又不好不收你的鄒吉甫道二位少老爺說這笑話可不把我羞死了鄉下物件帶來與老爺賞人兩公子吩咐將禮收進去鄒二哥請在外邊坐將鄒吉甫讓進書房來吉甫問了知道是蘧小公子又問蘧姑老爺的安因說道還是那年我家太老爺下葬會着姑老爺的整整二十七年了叫我們怎的不老姑老

爺鬍子也全白了麽公孫道全白了三四年了鄒吉甫不肯僭公孫的坐三公子道他是我們表姪你老人家年尊老實坐罷吉甫遵命坐下先吃過飯重新擺下碟子斟上酒來兩公子說起兩番訪楊執中的話從頭至尾說了一遍鄒吉甫道他自然不曉得這个却因我這幾个月住在東莊不曾去到新市鎮所以這些話沒人向楊先生說楊先生是个忠厚不過的人難道會裝身分故意躲着不見他又是个極肯相與人的聽得二位少老爺訪他他巴不得連夜來會哩明日我回去向他說了同他來見二位老爺四公子道你且住過了燈節到十五日那日同我這表姪往街坊上去看看燈索性到十七八間我們呌一隻船同你到楊先生家還是先去拜他纔是吉甫道這更好了當夜喫完了酒送遽公孫回魯宅去就留鄒吉甫在書房歇宿次日乃試燈之期婁府正廳上懸掛一對大珠燈乃是武英殿之物憲宗皇帝御賜的那燈是

內府製造十分精巧鄒吉甫叫他的兒子鄒二來看也給他見見廣大到十四日先打發他下鄉去說道我過了燈節要同老爺們到新市鎮順便到你姐姐家要到二十外纔家裏去你先去罷鄒二應諾去了到十五晚上蘧公孫正在魯宅同夫人小姐家宴宴罷婁府請來喫酒同在街上遊玩湖州府太守衙前紮著一座鼇山燈其餘各廟社火扮會鑼鼓喧天人家士女都出來看燈踏月眞乃金吾不禁鬧了半夜次早

鄒吉甫向兩公子說要先到新市鎮女兒家去約定兩公子十八日下鄉同到楊家兩公子依了送他出門搭了个便船到新市鎮女兒接着新年磕了老子的頭收拾酒飯喫了到十八日鄒吉甫要先到楊家去候兩公子自心裏想楊先生是个窮極的人公子們到那將甚麼管待因問女兒要了一隻鴨數錢去鎮上打了三斤一方肉又沽了一瓶酒和些蔬菜之類向鄰居家借了一隻小船把這酒和鴨肉都放在艙裏

裏自己掉着來到楊家門口將船泊在岸傍上去敲開了門楊執中出來手裏捧着一个爐拏一方帕子在那裏用力的擦見是鄒吉甫丟下爐唱諾彼此見過節鄒吉甫把那些東西搬了進來楊執中看見嚇了一跳道哎喲鄒老爹你爲甚麼帶這些酒肉來我從前破費你的還少哩你怎的又這樣多情鄒吉甫道老先生你且收了進去我今日雖是這些須村俗東西都不是爲你要在你這裏等兩位貴人你且把這雞

和肉向你太太說整治好了我好同你說這兩个人楊執中把兩手袖著笑道鄒老爹却是告訴不得你我自從去年在縣裏出來家下一無所有常日只好喫一餐粥直到除夕那晚我這鎭上開小押的汪家店裏想着我這座心愛的爐出二十四兩銀子分明是算定我節下沒有些米要來柴討這巧我說要我這个爐須是三百兩現銀子少一厘也成不的就是當在那裏過半年也要一百兩像你這幾兩銀子還不够

我燒爐買炭的錢哩那人將銀子拏了回去這一晩到底沒有柴米我和老妻兩个點了一枝蠟燭把這爐摩弄了一夜就過了年因將爐取在手內指與鄒吉甫看道你看這上面包漿好顏色今日又恰好沒有早飯米所以方纔在此摩弄這爐消遣日子不想遇著你來這些酒和菜都有了只是不得有飯鄒吉甫道原來如此這便怎麼樣在腰間打開鈔袋一尋尋出二錢多銀子遞與楊執中道先生你且快叫人去買

幾升米來纔好坐了說話楊執中將這銀子喚出老嫗拏个家伙到鎮上糴米不多時老嫗糴米回徃廚下燒飯去了楊執中關了門來坐下問道你說是今日那兩个什麼貴人來鄒吉甫道老先生你為鹽店裡的事累在縣裏却是怎樣得出來的楊執中道正是我也不知那日縣父母忽然把我放了出來我在縣門口問說是个姓晉的具保狀保我出來我自已細想不曾認得這位姓晉的老爹你到的在那裡知道些

影子的鄒吉甫道那裏是甚麼姓晉的這人叫做晉爵就是婁太師府裏三少老爺的管家少老爺弟兄兩位因在我這裏聽見你老先生的大名回家就將自巳銀子兌出七百兩上了庫叫家人晉爵具保狀這些事先生回家之後兩位少老爺親自到府上訪了兩次先生難道不知道麼楊執中恍然醒悟道是了是了這事被我這个老嫗所誤我頭一次看打魚回來老嫗向我說城裏有个姓柳的我疑惑是前日那

个姓柳的原差就有些怕會他後一次又是說上回家他說那姓柳的今日又來是我回他去了說著也就罷了如今想來柳者婁也我那里猜的到是婁府只疑惑是縣裏原差鄒吉甫道你老人家因打這年把官司常言道得好三年被毒蛇咬了如今夢見一條繩子也是害怕只是心中疑惑是差人這也罷了因前月十二我在婁府叩節兩位少老爺說到這話約我今日同到尊府我恐怕先生一時沒有備辦所以帶

這點東西來替你做个主人好麼楊執中道既是兩公錯愛我便該先到城裏去會他何以又勞他來鄒吉甫道既已說來不消先去候他來會便了坐了一會楊執中烹出茶來吃了聽得叩門聲鄒吉甫道是少老爺來了快去開門纔開了門只見一个稀醉的醉漢闖將進來進門就跌了一交扒起來摸一摸頭向內裏直跑楊執中定睛看時便是他第二个兒子楊老六在鎮上賭輸了又噇了幾杯燒酒噇的爛醉想著

來家問母親要錢再去賭一直往裏跑楊執中道畜生那裏去還不過來見了鄒老爹的禮那老六跌跌撞撞作了个揖就到廚下去了看見鍋裏煮的鷄和肉噴鼻香又悶着一鍋好飯房裏又放着一瓶酒不知是那里來的不由分說揭開鍋就要撈了喫他娘劈手把鍋蓋蓋了楊執中罵道你又不害饞勞病這是別人拏來的東西還要等著請客他那里肯依醉的東倒西歪只是搶了吃楊執中罵他他還睜著醉眼混

回嘴楊執中急了拏火叉趕着一直打了出來鄒老爹且扯勸了一回說道酒菜是侯婁府兩位少爺的那楊老六雖是蠢又是酒後但聽見婁府也就不敢胡鬧了他娘見他酒畧醒些撕了一隻雞腿盛了一大碗飯泡上些湯瞞著老子遞與他吃吃罷扒上牀挺覺去了兩公子直至日暮方到蘧公孫也同了來鄒吉甫楊執中迎了出去兩公子同蘧公孫進來見是一間客座兩邊放着六張舊竹椅子中間一張書案壁上懸的畫是楷書朱子治家格言兩邊一副箋紙的聯上寫着三間東倒西歪屋一个南腔北調人上面貼了一个報帖上寫捷報貴府老爺楊諱允欽選應天淮安府沭陽縣儒學正堂京報不曾看完楊執中上來行禮奉坐自已進去取盤子捧出茶來獻與各位茶罷彼此說了些聞聲相思的話三公子指著報帖問道這榮選是近來的信麽楊執中道是三年前小弟不曾被禍的時候有此事只爲當初無意中補得一

个廩鄉試過十六七次並不能掛名榜末垂老得這一个教官又要去遞手本行庭參自覺得腰胯硬了做不來這樣的事當初力辭了患病不去又要經地方官驗病出給費了許多周折那知辭官未久被了這一場橫禍受小人駔儈之欺那時懊惱不如竟到沭陽也免得與獄吏爲伍若非三先生四先生相賞於風塵之外以大力垂手相援則小弟這幾根老骨頭只好瘦死囹圄之中矣此恩此德何日得報三公子道

些須小事何必掛懷今聽先生辭官一節更足仰品高德重四公子道朋友原有通財之義何足掛齒小弟們還恨得知此事已遲未能早爲先生洗脫心切不安楊執中聽了這番話更加欽敬又和蘧公孫寒暄了幾句鄒吉甫道二位少老爺和蘧少爺來路遠想是餓了楊執中道腐飯已經停當請到後面坐當下請在一間草屋內是楊執中脩葺的一个小小的書屋面着一方小天井有几樹梅花這幾日天暖開了兩

三枝書房內滿壁詩畫中間一副箋紙聯上寫道嗅窗前寒梅數點且任我俛仰以嬉攀月中仙桂一枝久讓人婆娑而舞兩公子看了不勝歎息此身飄飄如遊仙境楊執中捧出雞肉酒飯當下喫了幾杯酒用過飯不喫了撤了過去烹茗淸談談到兩次相訪被聾老嫗誤傳的話彼此大笑兩公子要邀楊執中到家盤桓幾日楊執中說新年畧有俗務三四月後自當敬造高齋爲平原十日之飲談到起更時候一庭月

色照滿書牕梅花一枝枝如畫在上面相似兩公子留連不忍相別楊執中道本該留三先生四先生草榻奈鄉下蝸居二位先生恐不甚便于是執手踏著月影把兩公子同蘧公孫送到船上自同鄒吉甫回去了兩公子同蘧公孫纔到家看門的稟道魯大老爺有要緊事請蘧少爺回去來過三次人了蘧公孫慌回去見了魯夫人夫人告訴說編修公因女婿不肯做舉業心裏着氣商量要娶一个如君早養出一个兒

子來教他讀書接進士的書香夫人說年紀太了勸他不必他就着了重氣昨晚跌了一交半身麻木口眼有些歪斜小姐在傍淚眼汪汪只是歎氣公孫也無柰何忙走到書房去問候陳和甫正在那里切脈切了脈陳和甫道老先生這脉息右寸略見弦滑肺爲氣之主滑乃痰之徵總是老先生身在江湖心懸魏闕故爾憂愁抑鬱現出此症治法當先以順氣祛痰爲主晚生每見近日醫家嫌半夏燥一遇痰症就改用

貝母不知用貝母療濕痰反爲不美老先生此症當用四君子加入二陳飯前温服只消兩三劑使其腎氣常和虛火不致妄動這病就退了于是寫立藥方一連喫了四五劑口不歪了只是舌根還有些强陳和甫又看過了脈改用一个丸劑的方子加入几味祛風的藥漸漸見效蘧公孫一連陪伴了十多日並不得閒那日值編修公午睡偷空走到婁府進了書房門聽見楊執中在內咭咭而談知道是他已來了進去

作揖同坐下楊執中接着說道我方纔說的二位先生這樣禮賢好士如小弟何足道我有个朋友在蕭山縣山裏住這人眞有經天緯地之才空古絶今之學眞乃處則不失爲眞儒出則可以爲王佐三先生四先生如何不要結識他兩公子驚問那里有這樣一位高人楊執中疊着指頭說出這个人來只因這一番有分教相府延賓又聚几多英傑名邦勝會能消無限壯心不知楊執中說出甚麽人來且聽下回分解

嫻于吟咏之才女古有之精于舉業之才女古未之有也夫以一女子而精于舉業則此女子之俗可知蓋作者欲極力以寫編修之俗却不肯用一正筆處處用反筆側筆以形擊之寫小姐之俗者乃所以寫編修之俗也書中言舉業者多矣如匡超人馬純上之操選事衛體善隋岑菴之正文風以及高翰林之講元魁秘訣人人自以爲握靈蛇之珠也而不知舉業眞當行只有一魯小姐陸子靜

門人云英雄之俊偉不鍾于男子而鍾于婦人作者之喻意其深遠也哉

楊執中是一个活獃子今欲寫其獃狀獃聲使俗筆爲之將從何處寫起看此文只用摩弄香爐一段敘說誤認娃柳的一段闖進醉漢一段便活現出一个老阿獃的聲音笑貌此所謂頰上三毫非絕世文心未易辨此

忽然外面敲門必以爲兩公子至矣却是闖進一个稀醉的醉漢能令閱者目光一閃眞

出諸意外極平實的文字偏有極奇奥的筆巒于此知文章出落處最爲喫緊萬不可信筆拖去也

老阿獃纔進相府便薦出一位高人閱者此時已深知老阿獃之爲人料想老阿獃所薦之人平常可知然而不知其可笑又加此老一等譬如吳道子畫鬼畫牛頭已極牛頭之醜惡矣及畫馬面又有馬面之醜惡吾不知作者之胷中能容得多少怪物耶

儒林外史第十三回

名士大宴鶯脰湖　俠士虛設人頭會

話說楊執中向兩公子說三先生四先生如此好士似小弟的車載斗量何足爲重我有一個朋友姓權名勿用字潛齋是蕭山縣人住在山裏此又苦招致而來與二位先生一談纔見出他管樂的經綸程朱的學問此乃是當時第一等人三公子大驚道旣有這等高賢我們爲何不去拜訪四公子道何不約定楊先生明日就買舟同去說著只見看門人拏著紅帖飛跑進來說道新任街道廳魏老爺上門請二位老爺的安在京帶有大老爺的家書說要見二位老爺有話商稟兩公子向蘧公孫道賢姪陪楊先生坐著我們去會一會就來便進去換了衣服走出廳上那街道廳冠帶著進來行過了禮分賓主坐下兩公子問道老父臺幾時出京榮任還不會奉賀倒勞先施魏廳官道不敢晚生是前月初三日在京領憑當面叩見大老爺帶有

府報在此敬來請三老爺四老爺台安便將家
書雙手呈送過來三公子接過來折開看了將
書遞與四公子向廳官道原來是為丈量的事
老父臺初到任就要辦這丈量公事麽廳官道
正是晚生今早接到上憲諭票催促星宿丈量
晚生所以今日先來面稟二位老爺求將先太
保大人墓道地基開示明白晚生不日到那里
叩過了頭便要傳齊地保細細查看恐有無知
小民在左近樵采作踐晚生還要出示曉諭四

公子道父臺就去的麽廳官道晚生便在三四
日內稟明上憲各處丈量三公子道既如此明
日屈老父臺舍下一飯丈量到荒山時弟輩自
然到山中奉陪說著換過三徧茶那廳官打了
躬又打躬作別去了兩公子送了回來脫去衣
服到書房裏躊躇道偏有這許多不巧的事我
們正要去訪權先生却遇著這廳官來講丈量
明日要待他一飯丈量到先太保墓道愚弟兄
却要自走一遭須有幾時躭閣不得到蕭山去

爲之奈何楊執中道二位先生可謂求賢若渴了若是急于要會權先生或者也不必定須親往二位先生竟寫一書小弟也附一札差一位盛使到山中面致潛齋邀他來府一晤他自當忻然命駕四公子道惟恐權先生見怪弟等傲慢楊執中道若不如此府上公事是有的過了此一事又有事來何日纔得分身豈不常懸此一段想思終不能遂其願蘧公孫道也罷表叔要會權先生得聞之日卻未可必如今寫書差

的當人去況又有楊先生的手書那權先生也未必見外當下商議定了備幾色禮物差家人晉爵的兒子宦成收拾行李帶了書札禮物徑蕭山這宦成奉着主命上了杭州的船船家見他行李齊整人物雅致請在中艙裏坐中艙先有兩個戴方巾的坐著他拱一拱手同著坐下當晚喫了飯各舖行李睡下次日行船無事彼此閒談宦成聽見那兩個戴方巾的說的都是些蕭山縣的話下路船上不論甚麽人彼此都

稱爲客人因閒口問道客人貴處是蕭山那一個鬍子客人道是蕭山宦成道蕭山有位權老爺客人可認得那一個少年客人道我那裏不聽見有個甚麽權老爺宦成道聽見說號叫做潛齋的那少年道那個甚麽潛齋我們學裏不見這個人那鬍子道是他甚麽可笑的緊向那少年道你不知道他的故事我說與你聽他在山裏住祖代都是務農的人到他父親手裏掙起幾個錢來把他送在村學裏讀書讀到十七八

歲那鄉裏先生沒良心就作成他出來應考落後他父親死了他是個不中用的貨又不會種田又不會作生意坐喫山崩把些田地都弄的精光足足考了三十多年一回縣考的覆試也不曾取他從來肚裏也莫有通過借在個土地廟裏訓了幾個蒙童每年應考混着過也罷了不想他又倒運那年遇着湖州新市鎮上鹽店裏一個夥計姓楊的楊老頭子來討賬住在廟裏獃頭獃腦口裏說甚麽天文地理經綸匡濟

的混話他聽見就像神附着的發了瘋從此不應考了要做個高人自從高人一做這幾個學生也不來了在家窮的要不的只在村坊上騙人過日子口裏動不動說我和你至交相愛分甚麽彼此你的就是我的我的就是你的這幾句話便是他的歌訣那少年的道只管騙人那有這許多人騙那鬍子道他那一件不是騙來的同在鄉里之間我也不便細說因向宦成道你這位客人却問這個人怎的宦成道不怎的

我問一聲兒口裏答應心裏自忖說我家二位老爺也可笑多少大官大府來拜往還怕不彀相與沒來由老遠的路來尋這樣混賬人家去做甚麽正忖著只見對面來了一隻船船上坐著兩個姑娘好像曾老爺家采蘋姊妹兩個嚇了一跳連忙伸出頭來看原來不相干那兩人也就不同他談了不多幾日換船來到蕭山招尋了半日招到一個山凹裏幾間壞草屋門上貼著白紙門進去權勿用穿着一身白頭上

戴着高白夏布孝帽問了來意留宦成在後面一間屋裏開個稻草鋪晚間拏些牛肉白酒與他喫了次早寫了一封回書向宦成道多謝你家老爺厚愛但我熱孝在身不便出門你回去多多拜上你家二位老爺和你老爺厚禮權且收下再過二十多天我家老太太百日滿過我定到老爺們府上來會管家實是多慢了你這兩分銀子權且為酒資將一個小紙包遞與宦成宦成接了道多謝權老爺到那日權老爺是必到府裏來免得小的主人盼望權勿用道這

個自然送了宦成出門宦成依舊搭船帶了書子回湖州回覆兩公子兩公子不勝悵悵因把書房後一個大軒廠不過的亭子上換了一匾匾上寫作潛亭以示等權潛齋來住的意思就把楊執中留在亭後一間房裏住楊執中老年痰火疾夜裏要人作伴把第二個蠢兒子老六叫了來同住每晚一醉是不消說將及一月楊執中又寫了一個字去催權勿用權勿用見了

這字收拾搭船來湖州在城外上了岸衣服也不換一件在手掮著個被套右手把個大布袖子晃蕩晃蕩在街上腳高步低的撞撞過了城門外的吊橋那路上卻擠他也不知道出城該走左首進城該走右手方不碍路他一味橫著膀子亂搖恰好有個鄉里人在城裏賣完了柴出來肩頭上橫掮著一根尖遍担對面一頭撞將去將他的個高孝帽子橫挑在匾担尖上鄉里人低著頭走也不知道掮着去了他喫了一

驚摸摸頭上不見了孝帽子望見在那人匾担上他就把手亂招口裏喊道那是我的帽子鄉里人走的快又聽不見他本來不會走城裏的路這時著了急七首八腳的亂跑眼睛又不看著前面跑了一箭多路一頭撞到一頂轎子上把那轎子裏的官幾乎撞了跌下來那官大怒問是甚麼人叫前面兩個夜役一條鏈子鎖起來他又不服氣向著官指手畫腳的亂吵那官落下轎子要將他審問夜役喝著叫他跪他睜

着眼不肯跪這時街上圍了六七十人齊鋪鋪的看內中走出一個人來頭戴一頂武士巾身穿一件青絹箭衣幾根黃鬍子兩隻大眼睛走近前向那官說道老爺且請息怒這個人是婁府請來的上客雖然衝撞了老爺若是處了他恐婁府知道不好看相那官便是街道廳老魏聽見這話將就蓋個喧擡起轎子去了權勿用看那人時便是他舊相識俠客張鐵臂張鐵臂讓他到一個茶室裏坐下叫他喘息定了喫過

茶向他說道我前日到你家作弔你家人說道已是婁府中請了去了今日為甚麽獨自一個在城門口閒撞權勿用道婁公子請我久了我却是今日纔要到他家去不想撞着這官鬧了一場虧你解了這結我今便同你一齊到婁府去當下兩人一同來到婁府門上看門的看見他穿着一身的白頭上又不戴帽子後面領著一個雄赳赳的人口口聲聲要會三老爺四老爺門上人問他姓名他死不肯說只說你家老

爺已知道久了看門的不肯傳他就在門上大嚷大叫鬧了一會說你把楊執中老爹請出來罷看門的沒奈何請出楊執中來楊執中看見他這模樣嚇了一跳愁着眉道你怎的連帽子都弄不見了叫他權且坐在大門板櫈上慌忙走進去取出一頂舊方巾來與他戴了便問此位壯士是誰權勿用道他便是我時常和你說的有名的張鉄臂楊執中道久仰久仰三個人一路進來就告訴方纔城門口這一番相鬧的話楊執中搖手道少停見了公子這話不必提起了這日兩公子都不在家兩人跟着楊執中竟到書房裏洗臉喫飯自有家人管待晚間兩公子赴宴回家來書房相會彼此恨相見之晚指着潛亭與他看了道出欽慕之意又見他帶了一個俠客來更覺舉動不同于衆又重新擺出酒來權勿用首席楊執中張鐵臂對席兩公子主位席間問起這號鐵臂的緣故張鐵臂道晚生小時有幾觔力氣那些朋友們和我賭賽

叫我睡在街心裏把膀子伸著等那車來有心
不起來讓他那牛車走行了來的力猛足有四
五千斤車轂恰好打從膀子上過壓著膀子了
那時晚生把膀子一掙吉丁的一聲那車就過
去了幾十步遠看看膀子上白迹也沒有一個
所以衆人就加了我道一個綽號三公子鼓掌
道聽了這快事足可消酒一斗各位都斟上大
杯來權勿用辭說居喪不飲酒楊執中道古人
云老不拘禮病不拘禮我方纔看見肴饌也還

用些或者酒略飲兩杯不致沈醉也還不妨權
勿用道先生你這話又欠考核了古人所謂五
葷者葱韭蒝荽之類怎麽不戒酒是斷不可飲
的四公子道這自然不敢相強忙叫取茶來斟
上張鐵臂道晚生的武藝儘多馬上十八馬下
十八鞭鐧錘刀鎗劍戟都還略有些講究只
是一生性氣不好慣會路見不平拔刀相助最
喜打天下有本事的好漢銀錢到手又最喜幫
助窮人所以落得四海無家而今流落在貴地

四公子道只纔是英雄本色權勿用道張兄方纔所說武藝他舞劍的身段尤其可觀諸先生何不當面請教兩公子大喜即刻叫人家裏取出一柄松文古劍來遞與鐵臂鐵臂燈下拔開光芒閃爍即便脫了上蓋的箭衣束一束腰手持寶劍走出天井衆客都一擁出來兩公子叫且住快吩咐點起燭來一聲說罷十幾個管家小廝每人手裏執著一個燭奴明晃晃點著蠟燭擺列天井兩邊張鐵臂一上一下一左一右舞出許多身分來舞到那酣暢的時候只見冷森森一片寒光如萬道銀蛇亂掣並不見個人在那裏但覺陰風襲人令看者毛髮皆豎權勿用又在几上取了一個銅盤叫管家滿貯了水用手蘸著洒一點也不得入須臾大叫一聲寒光陡散還是一柄劍執在手裏看鐵臂時面上不紅心頭不跳衆人稱贊一番直飲到四更方散都留在書房裏歇自此權勿用張鐵臂都是相府的上客一日三公子來向諸位道不日要

設一個大會徧請賓客遊鶯脰湖此時天氣漸暖權勿用身上那一件大粗白布衣服太厚穿著熱了思量當几錢銀子去買些藍布縫一件單直裰好穿了做遊鶯脰湖的上客自心裏算計已定瞞著公子託張鐵臂去當了五百文錢來放在牀上枕頭邊日間在瀟亭上眺望晚裏歸房宿歇摸一摸床頭間五百文一個也不見了思量房裏没有別人只是楊執中的蠢兒子在那裏混因一直尋到大門門房裏見他正坐

在那裏說獃話便叫道老六和你說話老六已是噇得爛醉了問道老叔叫我做甚麼權勿用道我枕頭邊的五百錢你可曾看見老六道看見的權勿用道那里去了老六道是下午時候我拏出去賭錢輸了還剩有十來个在鈔袋裏留着少刻買燒酒喫權勿用道老六這也奇了我的錢你怎麽拏去賭輸了老六道老叔你我原是一個人你的就是我的我的就是你的分甚麽彼此說罷把頭一掉就幾步蹿出去了把

倜權勿用氣的眼睜睜敢怒而不敢言真是說不出來的苦自此權勿用與楊執中彼此不合權勿用說楊執中是個獃子楊執中說權勿用是個瘋子三公子見他沒有衣服却又取出一件淺藍紬直裰送他兩公子請徧了各位賓客叫下兩隻大船廚役備辦酒席和司茶酒的人另在一個船上一班唱清曲打粗細十番的又在一船此時正值四月中旬天氣清和各人都換了單夾衣服手持紈扇這一次雖算不得大會却也聚了許多人在會的是婁玉亭三公子婁瑟亭四公子蘧公孫駪夫牛高士布衣楊司訓執中權高士潛齋張俠客鐵臂陳山人和甫魯編修請了不曾到席間八位名士帶挈楊執中的蠢兒子楊老六也在船上共合九人之數當下牛布衣吟詩張鐵臂擊劍陳和甫打鬨說笑伴著兩公子的雍容爾雅蘧公孫的俊俏風流楊執中古貌古心權勿用怪模怪樣真乃一時勝會兩邊船窗四啟小船上奏著細樂慢慢

遊到鶯脰湖酒席齊備十幾個謂衣高帽的管家在船頭上更番斟酒上菜那食品之精潔茶酒之清香不消細說飲到月上時分兩隻船上點起五六十盞羊角燈映著月色湖光照耀如同白日一派樂聲大作在空闊處更覺得響亮聲聞十餘里兩邊岸上的人望若神仙誰人不羨遊了一整夜次早回來蘧公孫去見魯編修編修公道令表叔在家只該閉戶做些舉業以繼家聲怎麼只管結交這樣一班人如此招搖

豪橫恐怕亦非所宜次日蘧公孫向兩表叔畧述一二三公子大笑道我亦不解你令外舅就俗到這個地位不曾說完門上人進來稟說魯大老爺開坊陞了侍讀朝命已下京報適纔到了老爺們須要去道喜蘧公孫聽了這話慌忙先去道喜到了晚間公孫打發家人飛跑來說不好了魯大老爺接著朝命正在合家歡喜打點擺酒慶賀不想痰病大發登時中了臟已不醒人事了快請二位老爺過去兩公子聽了轎

也等不得忙走去看到了魯宅進門聽得一片哭聲知是已不在了衆親戚已到商量在本族親房立了一個兒子過來然後大斂治喪蘧公孫哀毁骨立極盡半子之誼又忙了幾日婁通政有家信到兩公子同在內書房商議寫信到京此乃二十四五月色未上兩公子秉了一枝燭對坐商議到了二更半後忽聽房上瓦一片聲的響一個人從屋簷上掉下來滿身血污手裏提了一個革囊兩公子燭下一看便是張鐵

臂兩公子大驚道張兄你怎麽半夜裏走進我的內室是何緣故這革囊裏是甚麽物件張鐵臂道二位老爺請坐容我細稟我生平一個恩人一個仇人這仇人已銜恨十年無從下手今日得便已被我取了他首級在此這革囊裏面是血淋淋的一顆人頭但我那恩人已在這十里之外須五百兩銀子去報了他的大恩自今以後我的心事已了便可以捨身爲知己者用了我想可以措辦此事只有二位老爺外此那

能有此等胸襟所以昌昧黑夜來求如不蒙相救即從此遠遁不能再相見矣遂提了革囊要走兩公子此時已嚇得心胆皆碎忙攔住道張兄且休慌五百金小事何足介意但此物作何處置張鐵臂笑道這有何難我畧施劍術即滅其跡但倉卒不能施行候將五百金付去之後我不過兩個時辰即便回來取出囊中之物加上我的藥末頃刻化為水毛髮不存矣二位老爺可備了筵席廣招賓客看我施為此事兩公

子聽罷大是駭然弟兄忙到內裏取出五百兩銀子付與張鐵臂鐵臂將革囊放在階下銀子拴束在身叫一聲多謝騰身而起上了房簷行步如飛只聽得一片瓦響無影無蹤去了當夜萬籟俱寂月色初上照着階下革囊裏血淋淋的人頭只因這一番有分教豪華公子閉門休問世情名士文人改行訪求舉業不知這人頭畢竟如何且聽下回分解

婁氏兄弟以朋友為性命迎之致敬以有禮

豈非翩翩濁世之賢公子哉然輕信而濫交亟不夷考其人平生之賢否猝爾聞名遂訂交此葉公之好龍而不知其皆鯪鯉也楊司訓之來也自懼其勢之孤故汲汲引權齋以助之乃其甫來不越數日即因五百青蚨頓相牴牾此鬼之所以爲鬼也